Gotitas de felicidad

Gotitas de felicidad

Editorial Época, S.A. de C.V.
Emperadores No. 185
Col. Portales
03300 México, D.F.

Gotitas de felicidad

© Editorial Época, S.A. de C.V.
Emperadores No. 185, Col. Portales
C.P. 03300-México, D.F.
email: edesa2004@prodigy.net.mx
www.editorialepoca.com.mx
Tels: 56-04-90-46
56-04-90-72

ISBN: 970-6273-390

Impreso en México — *Printed in Mexico*

Introducción

"*No te preguntes si eres feliz, pregúntate si son felices los que viven contigo*". Es impresionante ver que a pesar de la tecnología que hoy en día gozamos y que nos hace la vida más sencilla, seguimos buscando la felicidad por doquiera y a cualquier precio.

Hay personas que pagan precios muy altos a cambio de un momento, de sólo un destello de felicidad, sin lograr comprender que la felicidad está en nuestro más sencillo entorno. Veamos: para algunos la felicidad es jugar tenis, lograr una meta; para otros quizá sea viajar, etc., pero la verdadera felicidad arraiga en lo más profundo de nuestro interior, donde nadie absolutamente nos la va a dar. Nuestra mayor dicha está en hacer felices a los que nos rodean, tal y como lo dice la bella frase antes mencionada.

La felicidad tiene una enorme gama de intereses que es casi imposible apresarla en su totalidad en nuestra alma, sin embargo, si está a nuestro alcance, debemos procurar realizar *algo* que haga felices a los demás, y cuando lo logremos, lo habremos logrado también para nosotros mismos.

No juegues a buscar la felicidad, mejor ayuda a las personas cercanas a ti a encontrar un trozo de felicidad en tus acciones. Si estás casado, no dejes de demostrarte día a día a tu pareja que la amas, pues la felicidad va ligada con el amor; a tus padres, cuánto los extrañas cuando estás lejos; a tus hijos, cuánto los quieres cuando están en el colegio; verás que de esta sencilla manera notarás que las acciones de nobleza y agradecimiento de los demás te devolverán la felicidad que tanto has estado buscando. Sé feliz contigo mismo; no te niegues esa posibilidad de iniciar cada día y si algún día las cosas no te salen bien, sólo abre este pequeño libro y empápate de todas aquellas palabras y frases bellas que diversos autores han querido que lleguen hasta ti a través del tiempo. Recuerda que antes de ver algún defecto en los demás debes mirar los tuyos, así como antes de pedirle felicidad a los demás, comienza por darla tú y de esta manera la felicidad te llegará.

El secreto del amor al prójimo

l amor al prójimo es el **secreto de nuestra** felicidad.

- Busca tu propia verdad y **no obligues** a nadie a que piense como tú.

- No hables mal de nadie; no tengas rencores ni cultives odios en tu corazón, pues no te gustaría que los demás lo hicieran.

- Ayuda a todos sin condición, pues el que ayuda al prójimo está realmente ayudándose a sí mismo.

- Piensa bien de todos y, si sabes que erraron, perdónalos. En la alegría de vivir bien sentirás la mayor felicidad de tu vida.

L. Enrique Vega Z.

Beneficio

Un discípulo se acercó a su maestro y le dijo:

—Soy un hombre rico y he llegado a poseer una gran fortuna. ¿Cuál es la mejor manera de usarla para que redunde en mi beneficio espiritual?

El maestro sugirió:

—Regresa dentro de una semana y te daré la respuesta.

Cuando el discípulo regresó, el maestro dijo con un suspiro:

—No sé qué decirte. Si te digo que la dones a tus amigos y parientes, no te dará ningún beneficio espiritual. Si te digo que la ofrezcas al templo, solamente alimentarás la avaricia de los sacerdotes. Y si te digo que se la des a los pobres, te sentirás envanecido por tu caridad y caerás en el pecado de autoindulgencia.

Dado que el discípulo presionó al maestro para que le diese una respuesta, finalmente le aconsejó:

—Dona el dinero a los pobres; eso te hará sentir bien y ellos saldrán beneficiados.

"La verdadera felicidad está en el dar y no en recibir."

Anónimo

No te olvides de mí

Sentados en el despacho del director de un colegio nos llamó la atención una pequeña placa con una interesante descripción. Estaba escondida detrás de la hilera de libros, quedando oculta al visitante ocasional, pero constantemente a la vista del que se sentaba detrás del escritorio.

He aquí las palabras que el director de ese colegio conservaba ante sí durante todos sus días de trabajo. La placa decía: "Señor, el día de hoy estaré muy ocupado. Tal vez me olvide de ti, pero Tú no te olvides de mi". Estas palabras son de la memorable oración de Sir Jacobo Astley antes de la batalla de Newbury.

Este sencillo pensamiento sugiere un principio importante: Dirigiendo nuestras intenciones podemos convertir cada uno de nuestros actos en una oración. Así nuestras diarias tareas tienen mayor significado y también mayor recompensa.

Anónimo

Héroe anónimo

Hace unos días leímos en un periódico de Medio Oriente que todas las mañanas durante dos años, un niño en edad escolar acarreó agua desde un pozo situado a 20 kilómetros de la aldea para una pobre mujer alejada de la sociedad por discriminación de castas.

¿Alguna vez has experimentado el gozo que emana de hacer el bien a alguien sin esperar recompensa? Naturalmente. En alguna ocasión todos lo hemos hecho. La mayoría de nosotros estamos tan ocupados en nosotros mismos que no pensamos en ayudar a nuestro prójimo.

Cultivemos el hábito de ayudar a los demás, de hacer un pequeño sacrificio por servir a nuestros semejantes; porque ayudar al prójimo es motivo de felicidad.

Anónimo

Una sonrisa

Una sonrisa lleva la felicidad al hogar, fomenta la buena voluntad en los negocios y es el santo y seña de la amistad. Sin embargo, una sonrisa no se compra, no se implora, no se pide prestada ni se roba, pues es algo que a nadie beneficia mientras no se regala.

Anónimo

"Ser feliz en el hogar es la culminación de todas las ambiciones, el fin que persigue toda empresa y trabajo y al que nos acerca cada uno de nuestros deseos."

Samuel Johnson

"El afán de conquista impulsa al hombre a la fortuna y a la muerte; al heroísmo y al crimen. Pero nunca a la felicidad."

Anónimo

Ejercicios de la voluntad

A continuación te presentamos nueve medios de ejercitar la voluntad:

1. Sonríe cuando prefieras fruncir el entrecejo.
2. Di una palabra bondadosa cuando prefieras decir algo desagradable.
3. Realiza una obra buena, aunque sea sencilla, cuando prefieras permanecer ocioso.
4. Piensa en algo bueno cuando quisieras no pensar en nada.
5. Encuentra algo hermoso en toda tarea desagradable.
6. Habla siempre bien de cuantos se crucen en tu camino.
7. Niégate a ti mismo alguna pequeña cosa cada día.
8. Sé alegre aun ante la tristeza y la desgracia.
9. Da gracias a Dios aun por aquellas cosas que prueban tu alma.

Anónimo

Programa de vida

Humildemente me esforzaré

en amar,

en decir la verdad,

en ser honrado y puro,

en no poseer nada

   que no sea necesario,

en ganarme la vida con el trabajo,

en vigilar lo que como y bebo,

en no tener jamás miedo,

en respetar las creencias

   de los demás,

en buscar siempre lo mejor

   para los demás,

en ser hermano para todos mis hermanos.

Mahatma Gandhi

La felicidad primigenia

Sentado en el sillón del jardín de su casa, un hombre sin percatarse de la belleza que tenía ante él, se decía

—¿Por qué me sentiré tan feliz? Tengo riquezas salud, soy admirado, la juventud es mi piel.

Y preguntándose una y otra vez lo mismo se quedó dormido. He aquí lo que soñó:

Amanecía, y la bruma de la noche, al palidecer, se hizo una sábana de algodón que a vaivenes esfuma dos se alejaba. Los pájaros, con su bullicio de trino invitaban a despertar. La tierra, con lentitud, pero con brío, exhalaba su aliento de vida. Y cada cosa cada ser, comenzó a quitarse la pijama opaca para dar paso al color que con brillantez extendía el Sol. Y aquel hombre era el Sol, mas perezoso, entre boste zos alargaba sus brazos mientras decía:

—Un día más, ¡vaya gran cosa! Bueno, si hay qu caminar, comencemos.

Y con parsimonia ascendió al cenit donde, por ins tantes, se quedó estático al mirar, justo bajo su cuer po, a un anciano rodeado de jóvenes que atentos l escuchaban, menos uno, ensimismado, que al obser varlo con detalle, se asombró de que también era él, quien de pronto al grupo interrumpió:

—Maestro, ¿podría decirme cómo puedo lograr la felicidad?

—La felicidad tiene adversidad de color y de perfume, y para cada persona es diferente. Cada quien logra su felicidad cuando, con tesón y ahínco por largo tiempo, al fin logra realizar un sueño, una ilusión, una meta. Pero ningún tipo de felicidad será verdadera si no se tiene la felicidad primigenia, que es la más grande y la más fácil de obtener: siente la inmensa felicidad de saberte con vida y, en consecuencia, goza de tu movilidad, de tu libre albedrío y de tu inteligencia.

Al recapacitar sobre lo escuchado, el discípulo, en tal sueño se elevó, para entonces fusionarse a su otro yo, el Sol.

En ese momento, el hombre despertó.

Anónimo

Alas

Al ir a frondoso bosque, un día el pequeño hombre rebosó de alegría al posarse cercana un ave de colores café oscuro y esfumados; el negro hacía el antifaz en sus ojos y el rojo de un atardecer parecía haber salpicado los extremos de sus alas. Y sucedió que, al ver su vasto mundo sobre el viento, le hizo recordar su niñez cuando caminaba sin fronteras llevando como guía a sus sueños.

Una manera de querer recobrar los años de la infancia fue lo que hizo que, con ingenio, atrapara a la hermosa ave. Desde entonces, la casa del pequeño hombre se colmó de felicidad y de canto, y en él se hizo una sonrisa que acompañaba a su palabra.

Pasó el otoño, y una mañana, a los oídos del pequeño hombre no llegaron los trinos que le daban el saludo diario. Preocupado acudió a la jaula. El ave estaba quieta, silente, con el mirar opaco depositándolo al filo de la luz de una ventana. Entonces abrió la puerta alambrada, tomó al ave entre sus manos y, mientras la acariciaba, una lágrima cayó sobre su plumaje y con ella pedía perdón por haberla hecho víctima de sus anhelos. Comprendió entonces que hay muchos diversos soles que al ser de la humanidad toda, no son de nadie en particular y que, al aprisionarlos, la belleza del mundo se hace menos.

Con el corazón contrito por la culpabilidad, quiso dejarla ir, pero pensó que en la ya época invernal le traería resultados mortales.

De pronto escuchó que el ave le decía:

—Si me amas, da significado a mis alas y permite a tu alegría recordarme en la libertad.

Anónimo

¡Alégrate! y harás tu vida
dinámica y fructífera.
¡Alégrate! y que sea tu alegría
canto de amor y gratitud
al supremo Dador de la existencia.
¡Alégrate! La alegría es un don al alcance
hasta de la más pequeña y humilde
criatura de la Tierra,
y sin embargo,
es tesoro divino y excelencia.
Haya en tu vida tiempo y sazón
para la alegría.
¡Alégrate!

Luis Castañeda y Jorge Mejía

"El placer es la única cosa por la que se debe vivir. Nac envejece como la felicidad."

Oscar Wilde

El vendedor de perfumes

En la ciudad corría la voz de que un vendedor ofrecía la variedad más completa de perfumes.

Al cabo de un tiempo, motivada por esta publicidad, una joven y rica señora acudió al vendedor para decirle:

—Deseo un perfume especial para mi esposo; el que usa no me agrada y no sé cuál comprarle.

El comerciante, después de observarla, le hizo saber:

—El perfume de cada quien va de acuerdo a su personalidad y se percibe en relación directa de lo que esa persona significa. Sugiero que vaya con su esposo y platique con él, de este modo sabrá qué esencia busca.

Aunque extrañada por ese proceder, la señora indicó que así lo haría y preguntando por costos, escuchó del vendedor:

—Del perfume que adquiera, usted determinará el precio, y quiero que se lo entregue a la persona más necesitada que a su paso encuentre.

Extrañada aún más, la joven señora salió del establecimiento, encontrándose, a unas calles, con una anciana mendiga a quien dio una buena suma de dinero como pago por el perfume que buscaba. La anciana ante la magnificencia mostrada, alzó sus marchitos ojos para decir:

—Bendita seas, mujer ¡que Dios siga dándote esa fragancia que emana de tu ser!

Alejándose, la mujer se dijo: "¿Fragancia? Pero, ¡si hoy, sabiendo que iba con el vendedor para comprarme uno, no me puse perfume!"

Pensativa por el suceso con la anciana, siguió con lentitud rumbo a su casa y, poco antes de llegar a ella se detuvo, esbozó una sonrisa como cuando se descubre algo maravilloso y dijo para sí: "¡Claro... la esencia de cada quien es su verdadero perfume!"

Y presurosa regresó sobre sus pasos para agradecer la enseñanza. Mas no encontró al vendedor. Aquella joven señora era la única que en aquel lugar faltaba para brindarle los perfumes que ofrecía.

Anónimo

"La magia de la amabilidad consiste en no criticar ni contradecir, pero si alabar y felicitar."

Profr. Antonio Trujillo Rabadán

Pertenencias

En su caminar, un hombre se caía y se levantaba, importándole poco o nada su estado lamentable. Desde tiempo atrás, con el licor pretendía olvidar su tristeza e infortunio, lo cual sólo lograba mientras duraba su ebriedad, para después, como si ésta fuera una llama, sentir aún más su ausencia y desdicha.

Y en una de sus caídas, falto de energía y de control sobre su cuerpo, quedó tirado sobre la calle. Al verse así, lamentó su tragedia y comenzó a llorar y a gritar su querella:

—"¡Es que merezco que día a día me convierta en nada al haber sido abandonado por lo amado que me pertenece!"

Y la lluvia que corría por su cara dijo:

—"Con tu actuar tú mismo haces que el manto de la nada sea tu abrigo. Mírate bien… ahora dime, ¿crees que amar es traer tu cuerpo así, harapiento y lastimado?"

Viéndose el hombre, lento bajó la cabeza para balbucear:

—"No… creo que no."

Y la lluvia dijo entonces:

—"¡No debes hablar de pertenencias si tú mismo no te perteneces!"

Anónimo

Si piensas que estás vencido,
lo estás;
si piensas que no te atreves,
no lo harás;
si piensas que te gustaría ganar
pero que no puedes,
no lo lograrás;
si piensas que perderás,
ya has perdido;
porque en el mundo encontrarás
que el éxito empieza
con la voluntad del hombre.

Piensa en grande y tus hechos crecerán;
piensa en pequeño y quedarás atrás;
piensa que puedes y podrás.
Todo está en tu estado mental.

Claude Bernard

"La felicidad es, al mismo tiempo, la mejor, la más noble y la más placentera de todas las cosas".

Aristóteles

Cañada sin eco

Había una vez un hombre que desde mucho tiempo atrás se buscaba a sí mismo. Por ello, y pensando que en otros podría hallar la respuesta, a quienes encontraba en su camino les preguntaba por lo que veían en él, por lo que era y por lo que podría ser. Pero a quienes preguntaba sólo hablaban de ellos mismo, y decepcionado seguía adelante, en pos de quedar algún día satisfecho.

Recordaba las palabras del viento:

"Yo tengo grandeza porque puedo ser tenue y también poderoso y una vez que me desencadeno, actúo con la libertad de mi albedrío."

Y las de la flor:

"Yo soy frágil y dependo del agua, de la tierra, del aire y de la luz, y en reciprocidad por lo que recibo, doy por igual a cualquiera mi perfume y mi belleza."

Y las del arroyo:

"Yo soy como el tiempo, siempre igual y siempre diferente, y adonde vaya, soy bien recibido porque llevo movimiento y prosperidad."

El último con quien se había encontrado era el Sol, y también lo recordaba diciendo:

"Yo soy el presente constante, y dondequiera que esté seré un fruto y también una semilla."

Y aquel hombre seguía buscándose a sí mismo, y su andar dejaba una estela que decía:

"¿Hasta cuándo dejaré de ser lastre de esta cañada sin eco?"

Anónimo

"*Es mejor aspirar a ser más, que buscar tener más.*"

Profr. Antonio Trujillo Rabadán

Soy tan joven como mi esperanza,
y tan viejo como mi corta desesperación;
soy tan joven como mi fe,
y tan viejo como mis temores;
soy tan joven como mi sonrisa,
y tan viejo como mi resentimiento;
soy tan joven como mis virtudes,
y tan viejo como mis vicios;
soy tan joven como mis sorpresas,
y tan viejo como mis costumbres;
soy tan joven como mi amor,
y tan viejo como mi rencor;
soy tan joven como mi dulzura,
y tan viejo como mi dureza;
soy tan joven como mi regocijo,
y tan viejo como mis aburrimientos;
soy tan joven, o tan viejo,
como yo quiero ser.

Fossano

"Hay momentos en la vida cuyo sólo recuerdo es suficiente para borrar años de sufrimiento."

Sandeau

Segundo nacimiento

Cierta vez, un joven sentíase prisionero dentro de sí mismo porque no tenía a dónde ir, no obstante que ante él había diversos caminos. Entonces escuchó:

"Al no forjarte horizontes, haces a tu cuerpo inerte y a tu andar sin ojos."

Quien habló fue uno de los caminos que tenía enfrente, y al verlo, lo tomó entre sus manos y le preguntó por la causa de tal morir si tenía cuanto deseaba.

"Al no tener tu segundo nacimiento, vives una constante muerte."

El joven haciendo muecas de sorna, pensó que lo escuchado era una incoherencia. El camino lo miró, también le sonrió, y su mirada y su sonrisa indicaron haber captado su pensamiento. Luego dijo:

"Tu primer nacer fue cuando llegaste al mundo, y si no hubieras recibido atenciones y calor, habrías tenido la muerte física. Al empezar a caminar, recorriste la niñez y la adolescencia, y en el aprender, fuiste rama de los árboles que te alimentaron; por tanto, tus valores positivos o negativos, son aquellos que te condicionaron una y otra vez."

Tu segundo nacimiento, el verdadero nacer, sólo depende de ti, y se gesta al determinar lo que en verdad quieres por tus propias experiencias y disertaciones. No tener el segundo nacimiento, ocasiona sentirse enfermo, en desamparo y falto de fe. Por ello, se buscarán los falsos placeres que se caracterizan por ser pronto insatisfactorios. Esto es tener pequeñas vidas cargándose a la muerte.

"Tu segundo nacimiento es a través de ti mismo, y es discernir sobre lo más elevado y duradero, y al luchar por obtenerlo, tu premio será tu autonomía en el pensar, en tus creencias, en tu hacer, hasta lograr la luz de tu verdad y tu felicidad interior. Esto es: caminar en la libertad."

Anónimo

"No son muertos los que descansan en la tumba fría, muertos son los que tienen muerta el alma y. . . viven todavía."

Profr. Antonio Trujillo Rabadán

La felicidad no es un don
ni un accidente;
es algo que creamos nosotros mismos.
Tanto la personalidad como la felicidad
se acrecientan mediante el esfuerzo
y la práctica,
pero con una condición:
que las cosas que realicemos eleven
y beneficien a los demás,
es preciso que el esfuerzo
no se haga con miras
al agradecimiento o recompensa.
Sólo empleando nuestro talento
y energía en buscar la felicidad ajena,
sin ambicionar premio alguno
podremos asegurarnos
nuestra propia felicidad.

Harry C. Link

"La felicidad de la vida consiste en tener algo que hacer, algo que amar y algo que esperar."

Chalmers

Para ser feliz

Cuando una mujer perdió a su esposo al que amaba profundamente, se sintió sumergida en el más terrible de los desconsuelos. Por meses enteros pareció olvidar qué significaba sonreír. Un día se asomó casualmente por la ventana y vio a dos niños en la calle.

Parecían muy pobres, iban descalzos y cubiertos apenas por trapos. La mujer salió de su magnifica residencia y les preguntó:

—¿Quiénes son sus padres?

—Somos huérfanos —contestaron los niños.

—¿Quién cuida de ustedes? —preguntó aún.

—Nuestros vecinos nos hacen regalitos de vez en cuando —respondieron—, con los que hemos logrado sobrevivir.

Olvidándose por un momento de su dolor, la mujer llevó a los niños a una tienda y les dijo:

—Tomen lo que deseen: ropa, zapatos, dulces… ¡lo que quieran!

Los niños no podían creerlo. Mientras elegían l que necesitaban, su alegría llegó más allá de tod límite, y algo de su gozo se filtró en el corazón de l mujer. Se olvidó de sus penas y por primera vez e meses su rostro se cubrió de sonrisas.

"En la medida que hacemos felices a los demás, nos hace-mos felices a nosotros mismos, y a menudo más."

J. P. Vaswani

Si un día te sientes solo,
desesperadamente desolado,
y sientes que en tu vida
no existe ya consuelo
ni esperanza;
si eres infeliz
y vives amargado,
busca en el amor
pronto remedio.
Porque el amor
es bálsamo de luz
que cura las heridas
y devuelve la fe
y la esperanza.
El amor es certeza
y es felicidad.

Luis Castañeda y Jorge Mejía

"La vida real del hombre es feliz, principalmente porque siempre está esperando que ha de serlo pronto."

Edgar Allan Poe

Un muchacho escocés salvó la vida de un chico que se estaba bañando en un lago solitario. Éste lo recompensó con una suma apreciable de dinero, pues era de familia acomodada, y gracias a ella pudo el salvador llegar a ser médico. Aquel muchacho se llamaba Alejandro Fleming.

Que su educación médica no fue dinero tirado, lo demuestra mejor que nada el que más tarde fuera el descubridor de la penicilina. En el año de 1943, Fleming pudo pagar su deuda de estudios al chico que le costeó la carrera. Éste se encontraba gravemente enfermo de pulmonía y a punto de morir. Fleming le envió por avión unos granos de penicilina y Winston Churchill pudo salvarse.

Debemos hacer el bien sin buscar recompensa alguna, pues nuestras buenas acciones dan fruto sin que nosotros nos demos cuenta. Al igual que Fleming, sigue haciendo el bien a través de su descubrimiento. Las semillas de nuestra bondad están dando fruto por lugares que nosotros ni nos imaginamos.

Miguel de la Fay y Antonieta García

"No tenemos derecho a gozar de nuestra felicidad si no la creamos a nuestro derredor."

Bernard Shaw

Debemos aprender a ser felices con lo que tenemos ahora, y no estar siempre a la espera de algún acontecimiento especial que nos hará supuestamente felices.

Quien no logra ser feliz con lo que ya tiene ahora, no alcanzará nunca la verdadera felicidad.

Es necesario aprender a vivir en el presente, la única realidad cierta es... ¡Ahora!

Pasado y futuro no son reales.
El pasado ya se fue, el futuro no sabe si vendrá, sólo es real el presente... ¡Ahora!

Debemos aprender a vivir como si cada momento de nuestra vida fuera el último. No te preocupes demasiado por el mañana, ¿quién sabe lo que puede pasarte hoy?

Anónimo

"Nuestro instinto nos hace sentir que debemos buscar la felicidad fuera de nosotros."

Pascal

Un hombre de negocios que iba de prisa puso un dóla en la taza de un hombre que vendía flores, y siguió s camino apresurado. Media cuadra adelante, se volvi y regresó hacia el pobre vendedor de flores.

—Lo siento —dijo tomando su flor favorita—, e mi prisa se me olvidó llevarme lo que compré. Despué de todo usted es un hombre de negocios igual que yo Sus flores tienen un precio justo y buena calidad. Confí en que no le haya molestado mi olvido al no llevarm lo que compré.

Con eso sonrió y continuó su camino.

Algunas semanas después, mientras almorzaba, u hombre bien parecido y bien vestido se acercó a la me sa del hombre de negocios y se presentó a sí mismo

—Estoy seguro que no me recuerda y yo no conoz co su nombre, pero nunca olvidaré su cara. Usted e el hombre que me inspiró a hacer algo por mí mismo Yo era un vago que vendía flores en una esquina hast que usted me devolvió el respeto por mí mismo y sentido de dignidad. Ahora creo que también soy u empresario.

Anónimo

"Del mismo modo que tenemos derecho a consumir rique za sin producirla, tampoco lo tenemos de consumir felicida sin producirla."

Bernard Shaw

Un paso a la vez

Es imposible para nosotros vencer al mismo tiempo todas las pasiones y malas costumbres que nos tiranizan. Para desarraigar con un sólo esfuerzo todos los vicios y defectos, muchos de los cuales quizá los llevamos en nuestro interior, y para poner de inmediato un complemento y perfecto remedio a nuestra conducta, usemos el método de los santos.

Debemos especialmente tener a la vista nuestras pasiones y vicios dominantes y estar decididos a luchar contra ellos, con toda la fuerza de nuestra alma.

Dirijamos contra estos vicios todas nuestras armas, esto es, todas nuestras meditaciones, buenas resoluciones y todos nuestros esfuerzos hasta vencerlos.

Usemos una estrategia de guerra: dominemos uno a uno a nuestros enemigos. Es decir, utilicemos en nuestra vida diaria ese método particular del examen de conciencia, especialmente sobre las faltas que más nos impidan alcanzar la perfección.

¡Paso firme para alcanzar la perfección!

Anónimo

"Felicidad no es necesitar de ella."

Séneca

Un cortés caballero frecuentaba una tienda de antigüedades de Nueva Hampshire, a cuyo propietario solía venderle exquisitos muebles. Tras su más reciente visita, la esposa del comerciante comentó que habría querido decirle lo mucho que disfrutaban de su compañía. Su esposo le indicó:

—Ya se lo dirás la próxima vez que venga.

Al verano siguiente, una joven entró en la tienda y se presentó como la hija de aquel caballero. Su padre —dijo— había muerto. La esposa del dueño le comentó entonces la conversación que había tenido con éste luego de la que resultaría la última visita de aquel hombre tan gentil. Los ojos de la joven se llenaron de lágrimas.

—¡No sabe cuánto bien le habría hecho a mi padre saber lo que usted me dice ahora! —exclamó ahogada en llanto—. Siempre necesitó saber que se le apreciaba.

Desde aquel día, afirmaría la esposa del anticuario:

—Cada vez que pienso algo agradable sobre alguien se lo digo de inmediato. Quizá nunca vuelva a presentárseme la oportunidad.

Anónimo

"Ponemos más interés en hacer creer a los demás que somos felices que en tratar de serlo."

La Rochefoucauld

Receta para un día feliz

Una de las grandes fallas de la humanidad ha sido la falta de componentes para alcanzar una permanente felicidad aquí en la Tierra.

Esta fórmula está especialmente diseñada para enseñarte cómo cambiar tu forma de vivir. Hay que vigilar que cada día esté completamente libre de recuerdos amargos, rencores, odio y celos. Dejando libre completamente de resentimientos y desecha la mezquindad; en suma: cerciorarse de que cada día esté libre del pasado; que cada día sea nuevo, limpio y fresco.

Preparemos un día cada vez.

En cada día pongamos: doce partes de fe, once de paciencia, diez de valor, nueve de trabajo (algunas personas omiten este ingrediente y echan a perder el sabor de los demás), ocho de deseo, siete de fidelidad, seis de liberalidad, cinco de bondad, cuatro para descansar (dejar fuera esto, es como no ponerle sal a la ensalada), tres para oraciones, dos para meditar y uno para bien seleccionada resolución.

Pongamos en cada día una cucharada llena de ingenio, una pizca de diversión sana, una rociadita de juego y una taza rasa de buen humor.

Cocínese todo en fuego sostenido, adórnese con sonrisas y después sírvase con quietud... será ciertamente un día feliz.

Anónimo

"La felicidad es gratitud por el presente, gozo por el pasado y fe en el futuro."

Proverbio inglés

Si estás dispuesto a luchar

La vida de Ludwig van Beethoven, aún en los momentos cumbres de su carrera musical, nunca fue feliz. Sus biógrafos nos cuentan de su infelicidad cuando era niño.

Su padre vio en el hijo un talento musical al que le podía sacar dinero. Cuando joven, Ludwig se quedaba hasta bastante tarde junto al piano y casi creció, odiando la música. Su madre era su única consolación durante su niñez y murió cuando él tenía 17 años.

A los 28, Beethoven comenzó a perder el oído, esto casi rompió su voluntad completamente, y así permaneció hasta su muerte. Sin embargo, este "infeliz hombre", como él mismo se nombraba, compuso algunas de las grandes obras musicales de fines del siglo XVIII y principios del siglo XIX.

La grandeza escondida en ti puede ser descubierta y puesta a la vista, sólo si estás dispuesto a luchar.

Te puede tomar años esa lucha, pero quizá después de salvar el próximo obstáculo, dé a luz la grandeza que hay en ti.

Anónimo

"*Parte de un gran hombre es no sólo hacer grandes cosas, sino también cosas pequeñas; grandes por su propio poder.*"

San Basilio

¿Es feliz tu hogar?

1. Lo es si el hombre es trabajador, sacrificadc moderado, esposo desinteresado y padre.

2. Lo es si la mujer es industriosa, devota, espos desinteresada y madre.

3. Lo es si todos cooperan y se ayudan unos otros a triunfar en la vocación que elijan.

4. Lo es si los casados y los que aún no lo son comprenden que el matrimonio es un estadc sagrado.

5. Lo es si el espíritu de la caridad y el entendimiento penetran en todas las acciones.

6. Lo es si todos perseveramos en orar a Dios.

Anónimo

"Los momentos más felices de mi vida han sido los pocos que he pasado en casa, en el seno de mi familia."

Jefferson

Éxito en el fracaso

En Estados Unidos de América, uno de los libros más solicitados durante casi cien años, ha sido el encantador *Mujercitas*, de Louisa May Alcott.

Cuando la señorita Alcott empezó a escribir por primera vez, hizo frente, sin embargo, a un fracaso tras otro. No podía vender ni una sóla obra. Pero finalmente tuvo algún éxito. Entonces su editor, con gran desilusión de ella, insistió en que debía concentrarse en escribir libros de muchachas. Escribir *Mujercitas*, lo que emprendió de muy mala gana, la llevó a la distracción. Y ese hermoso libro ha hecho de Louisa Alcott una americana inmortal. Cada año, un promedio de 23 mil personas realizan peregrinaciones al hogar Alcott.

No siempre son las cosas para las que creemos estar mejor preparados las que aumentan la felicidad de nuestros semejantes; a veces es mediante las cosas que menos nos gusta hacer cómo Dios hace sentir más su influencia.

Anónimo

"La confianza en sí mismo es el principal secreto del éxito."

R. W. Emerson

"La felicidad no es una estación de llegada, sino una forma de viajar."

Margaret Lee Runbeck

Inútil hostigamiento

Recientemente se nos habló de una joven esposa que durante los varios años que lleva de casada, rara vez ha pronunciado una palabra de elogio o de ánimo para su esposo.

En lugar de eso, aunque su marido casi ha doblado sus ingresos en dos años, ella se lamenta continuamente de lo "pobres que son". Constantemente se queja de lo poco que se ocupa de la casa, a pesar de que él está desempeñando dos empleos y trabaja cerca de 70 horas por semana.

Ella no encuentra satisfacción en sus labores domésticas ni en el cuidado de los hijos. Rara vez ha demostrado a su marido algún cariño.

Puede no haber una ruptura en este matrimonio, pero podría haber mucha mayor felicidad para todos los interesados si la esposa hiciera un pequeño examen y se diese cuenta de que ella, al igual que su marido, tiene una obligación de mostrar aprecio por los esfuerzos de los demás.

Mostrar amor a los demás, es un medio fácil de crecer en el amor de ellos.

Anónimo

"No hables de tu dicha a un hombre más desgraciado que tú."

Pitágoras

El verdadero valor del hombre

Dos soldados de infantería al tener una línea de comunicación en Corea entraron a una aldea que creyeron estaba desierta, pero encontraron un habitante: un pobre bebé, casi muerto de frío y de hambre.

Los soldados tomaron en sus brazos al niñito que titiritaba de frío y buscaron en los alrededores hasta que encontraron un cobertor. En seguida se dedicaron a buscar alimento.

Dieron por fin con un grupo de mujeres coreanas que accedieron a alimentar al niño y cuidarlo. Por medio de un interprete, las mujeres les dieron a entender que estaban sorprendidas de que dos soldados tan ocupados por la guerra se habían tomado el tiempo necesario para detenerse y cuidar a un pobre niñito desamparado.

"El verdadero valor del hombre no consiste en su valentía para saber morir, sino para saber vivir."

Anónimo

"La felicidad es un perfume que no puedes derramar sobre los demás sin que algunas gotitas caigan sobre ti mismo."

Anónimo

Tú decides

Si te sientas al ponerse el sol y cuentas los actos realizados y encuentras un acto abnegado, una palabra que alivió el corazón de quien la ha oído, puedes considerarlo un día ganado.

Pero si en ese largo día a nadie han alegrado tus palabras; si nada encuentras entre las acciones que puedan ayudar a alguna alma, considera que ese día está perdido.

George Eliot

La conquista de sí mismo

La conquista de sí mismo es el mayor triunfo que cualquier hombre puede alcanzar.

La imperfección sólo se lamenta de lo que es imperfecto.

Cuanto más perfectos somos, más benévolos y tolerantes somos con los defectos ajenos.

Nunca digas a otros lo que desdeñosamente se ha dicho de ellos.

Guarda silencio; no juzgues a nadie sin real necesidad. Escuchar la voz de Dios dentro de nosotros será una continua plegaría y un sacrificio del yo.

Dios permanece con nosotros, aun cuando rechazamos su bondad.

Nuestro principal cuidado cuando culpamos a alguien, debe estar en perdonar todo lo posible a aquél en quien se encuentra la falta.

Jamás digas una palabra mortificante a tu prójimo.

Anónimo

"El hombre superior hace su suerte; conocedor de las circunstancias que se oponen al logro de sus planes, las esquiva, las dirige y las domina."

Anónimo

Comienza en casa

Existe un viejo dicho: "La caridad comienza en casa". Desde luego, no debe tenerse ahí; debe derramarse sobre el mundo que tanto la necesita. Pero hay muy escasa probabilidad de que ese calor de amor vaya muy lejos en un mundo ansioso de cariño si no se practica y se refuerza en el más importante de todos los centros de adiestramiento: el hogar.

No hay mas que comprobar la importancia de brindar palabras de elogio a los demás miembros de la propia familia en vez de hallar defectos, de ser cortés y no sarcástico.

Entonces, una vez conscientes de ello, se empezará a sustituir por pequeños actos de caridad; la pequeñez y el egoísmo que pueden haber llegado a ser habituales. Esta benevolencia, a su vez, ahondará y empleará nuestros deseos de mejorar las vidas de incontables personas, mucho más halla del hogar.

Anónimo

"Sé cuidadoso para gobernar tu familia o el hogar."

Anónimo

La mente que está alegre en su presente estado, será adversa a toda diligencia en cuanto al futuro y hará frente a los sucesos amargos de la vida con una feliz sonrisa. Al igual que la sonrisa, la alegría recorre un largo camino.

Anónimo

"La vida feliz y dichosa es el objeto único de toda la filosofía."

Cicerón

¿Eres feliz?

La felicidad ha sido definida en muchas formas:

Para Emerson, es la amistad.

Para Thoreau, son las bellezas de la naturaleza.

Para Robert Louis Stevenson, la posibilidad de sentarse junto a un fuego y pensar.

Para Mahatma Gandhi, depende de lo que tú puedas dar, no de lo que puedas obtener.

Para Buda, felicidad es la virtud que perdura hasta la ancianidad; felicidad es la fe firmemente arraigada; felicidad es el logro de la sabiduría; felicidad es evitar los pecados.

En su libro "Cómo ser feliz aunque siendo humano", Beran Wolfe la sitúa en esta forma: "Si usted observa a un hombre realmente feliz, le encontrará construyendo una lancha, escribiendo una sinfonía, educando a su hijo, cultivando dalias dobles en su jardín, o buscando huevos de dinosaurio en el desierto de Gobi. No estará buscando la felicidad, como si fuera un botón del cuello que ha rodado debajo del radiador. Habrá llegado a darse cuenta de que es feliz, viviendo 24 horas piñadas del día".

Anónimo

"Si tienes algo que perdonar, perdona rápidamente. La lenta indulgencia es mejor que ninguna indulgencia."

Arthur Pinero

Deja cantar a mi vida

Ayúdame a conocer los secretos del corazón de los
que están a mi cuidado, sus secretos deseos, toda
la carga que soportan, que pueda añadir mi valor
al suyo propio.
Ayúdame a hacer sentirse menos solos a los seres
solitarios, y más felices a los aún poco felices.
Que pueda yo olvidar
lo que debe ser olvidado;
y recordar, sin olvidos,
todo lo que debemos recordar,
todas las cosas provechosas,
olvidando lo que pudiera atormentar.
Con todo lo que haya en mi camino día tras día,
puedo yo estar alegre, ser feliz.
Deja cantar a mi vida.

Mary C. Davies

"Lo que tú piensas de ti mismo, es mucho más importante de lo que los demás piensan de ti."

Séneca

Toda la Creación está llena de alegría.
¡Toda la Creación es feliz! Sé que hay sufrimiento, dolor, crecimiento, declinación, vejez y muerte. Todo eso está en la Creación, pero ¡si comprendieses realmente lo que significa la felicidad!
Sólo el ser humano tiene sed,
sólo el corazón humano está inquieto.
¿No es eso extraño?
¿Por qué el ser humano es infeliz?
¿Qué se puede hacer para transformar
esa infelicidad en alegría?
¿Por qué las personas están tristes?
Por tener ideas equivocadas y actitudes erróneas.

Anthony de Mello

"La felicidad deja de ser tal para el que la goza solo."

Bottach

El éxito tiene su precio

odo tiene su precio. Si quieres lograr algo verdadera-nente grande, tienes que estar dispuesto a pagar el recio. Ningún logro que merezca la pena se alcanza ácilmente. Con frecuencia encontrarás fatigante y riste el camino.

Una gran parte de tu energía se gastará en apar-ar a seres apáticos de tu camino, en encarar la in-omprensión de tus compañeros y la hostilidad de us rivales. Incluso, entre tus más íntimos amigos en-ontrarás alguno que te desanime.

Con tantos obstáculos e impedimentos, la mayor arte de los hombres y mujeres está tentada de re-unciar a la lucha.

Cuando la gente critique, recuerda que los niños no iran piedras a los árboles infecundos, sino sólo a los ue tienen fruto; cuanto más abundante es el fruto, nás piedras tiran. Consuélate con esa realidad.

laz todo el bien que puedas,
n todas las formas que puedas,
n todos los lugares que puedas,
a todas las personas que puedas,
odo el tiempo que puedas.

John Wesley

"*La alegría no se encuentra en lo exterior; líbrate de es(a) noción equivocada o nunca la encontrarás.*"

Anthony de Mello

"*La felicidad consiste en estar libre de apegos y deseos, per(o) es casi imposible lograrlo en forma absoluta.*"

Anthony de Mello

"*Sería muy poco feliz si pudiera decir hasta qué punto l(o) soy.*"

Shakespeare

Dame un corazón

Oh, Dios mío, dame un corazón puro y limpio,
como las aguas de un manantial.
Dame un corazón abierto que no alimente fracasos;
un corazón magnánimo que se deleite en dar;
un corazón compasivo que acuda a los que sufren;
un corazón indulgente en que jamás albergue rencor;
un corazón agradecido que nunca olvide un acto de buena voluntad.
Dame un corazón que sea dulce y humilde, ansioso de amar, sin esperar recompensa;
un corazón noble y generoso que acepte la ingratitud
sin amargura y el olvido sin lamentaciones.

Anónimo

"*Casi todas las personas son tan felices como se deciden a serlo.*"

Lincoln

La felicidad no es el resultado de nada.

Ella es, en sí misma, y
la descubres cuando te libras de todo juicio y añadidura.

La felicidad nada tiene que ver con lo exterior.

Dinero, poder, respetabilidad, parecen traer
la felicidad. Pero no la traen.

Anthony de Mello

"Nadie puede ser perfectamente libre, hasta que todos sean libres; nadie puede ser perfectamente virtuoso, hasta que todos sean virtuosos; nadie puede ser perfectamente feliz, hasta que todos sean felices."

Herbert Spencer

Obstáculos para la felicidad

¿Cuáles son los obstáculos para la felicidad? Son numerosos. He aquí algunos de ellos:

1. *Aferrarnos a nuestra propia voluntad.* La voluntad propia es frustrada con frecuencia por el curso de los acontecimientos y por la conducta de nuestros semejantes.

2. *El amor a la propia comodidad.* A cada momento se nos pide hacer sacrificios y renunciar a nuestra propia comodidad y a nuestros gustos.

3. *La ociosidad.* Cuando no estamos ocupados, somos vencidos fácilmente por ideas de descontento, de rencor, de sospecha, de juicios precipitados.

4. *Contrariedades.* Nuestros días están llenos de ellas. A veces, son las personas las que nos afligen y trastornan nuestros planes; otras, son accidentes que recaen sobre nosotros y nos causan amargas pesadumbres. Para este mal sólo hay un remedio: resignación y reacción.

5. *Una disposición enojosa.* Si somos irritables, sensibles, envidiosos, egoístas, no podemos dejar

de ser infelices, porque la mala disposición de nuestra alma será una fuente perpetua de dificultades y sufrimiento.

Anónimo

"El secreto de la felicidad no es hacer siempre lo que se quiere, sino querer hacer siempre lo que se hace."

Tolstoi

La felicidad no puede definirse; por lo menos
yo no he encontrado una definición.

En realidad, tú no tendrás ninguna idea acerca de qué es la felicidad mientras no abandones el apego. De modo que la felicidad sólo podría definirse como el abandono de la ilusión, el abandono del apego. Cuando se abandona la desdicha causada por el apego, se alcanza la felicidad. Por supuesto que, para "definirla" se podrían usar expresiones como "paz y serenidad", "estar por encima de todo", "disfrutar cada momento tal como se presenta", "vivir en el presente"... son palabras; son meras palabras.

No sabes qué es la visión hasta que el ojo deja de estar obstruido. No sabes qué es la felicidad hasta que abandonas los deseos-apego.

Entonces lo sabes, y las palabras ya no importan más.

Anthony de Mello

"No hay más que un modo de ser felices: vivir para los demás."

Tolstoi

¡Una sonrisa merece la pena!

Una sonrisa en tus labios
alegra tu corazón,
conserva tu buen humor,
mantiene paz en tu alma,
favorece tu salud,
embellece más tu rostro,
induce al amable pensamiento,
e inspira buenas acciones.

Sonríete a ti mismo... hasta que notes que tu constante seriedad, incluso severidad, se haya desvanecido.

Sonríete a ti mismo... hasta que hayas animado tu propio corazón con tu alegre semblante.

Sal después e irradia tu sonrisa.

Esa sonrisa tiene algo que hacer, un trabajo que realizar para Dios.

Sonríe, para los rostros solitarios,
sonríe, para los rostros tímidos,
sonríe, para los rostros entristecidos,
sonríe, para los ancianos rostros arrugados,
sonríe, para los rostros familiares.

Cuenta... si quieres el número de sonrisas que la tuya ha arrancado de otros, en un día. El número representará cuántas veces has promovido la alegría y la satisfacción en el corazón de los demás.

Anónimo

"La felicidad es como las neblinas ligeras; cuando estamos dentro de ella no la vemos."

Amado Nervo

El toque de oro

Érase una vez un rey muy rico cuyo nombre era Midas. Tenía más oro que nadie en todo el mundo, pero a pesar de eso no le parecía suficiente. Nunca se alegraba tanto como cuando obtenía más oro para sumar a sus arcas. Lo almacenaba en las grandes bóvedas subterráneas de su palacio, y pasaba muchas horas del día contándolo una y otra vez.

Ahora bien. Tenía una hija llamada Caléndula. La amaba con devoción y decía:

"Será la princesa más rica del mundo."

Pero la pequeña Caléndula no daba importancia a su fortuna. Amaba su jardín, sus flores y el brillo del sol más que todas las riquezas de su padre. Era una niña muy solitaria, pues su padre siempre estaba buscando nuevas maneras de conseguirse oro y contando el que tenía, así que rara vez le contaba cuentos o salía a pasear con ella, como deberían hacer todos los padres.

Un día el rey Midas estaba en su sala del tesoro. Había echado llave a las gruesas puertas y había abierto sus grandes cofres de oro. Lo apilaba sobre la mesa y lo tocaba con adoración. Lo dejaba escurrir entre los dedos y sonreía al oír el tintineo, como si fuera una dulce música. De pronto una sombra cayó sobre la pila de oro. Al volverse, el rey vio a un sonriente desconocido de reluciente atuendo blanco. Midas se sobresaltó, ¡estaba seguro de haber atrancado la puerta! ¡su tesoro no estaba seguro! pero el desconocido se limitaba a sonreír.

—Tienes mucho oro, rey Midas —dijo.

—Sí —respondió el rey—, pero es muy poco comparado con todo el oro que hay en el mundo.

—Qué, ¿no estás satisfecho? —preguntó el desconocido.

—¿Satisfecho? —exclamó el rey—. Claro que no, paso muchas noches en vela planeando nuevos modos de obtener más oro. Ojalá todo lo que tocara se transformara en oro.

—¿De verdad deseas eso rey Midas?

—Claro que sí; nada me haría más feliz.

—Entonces se cumplirá tu deseo. Mañana por la mañana, cuando los primeros rayos del sol entren por la ventana, tendrás el toque de oro.

Apenas hubo dicho estas palabras, el desconocido desapareció. El rey Midas se frotó los ojos.

“Debo haber soñado —se dijo—, pero que feliz sería si todo esto fuera cierto.”

A la mañana siguiente el rey Midas despertó cuando las primeras luces aclararon el cielo. Extendió la mano y tocó las mantas. Nada sucedió.

“Sabía que no podía ser cierto —suspiro.”

En ese momento los primeros rayos del sol entraron por la ventana. Las mantas donde el rey Midas apoyaba la mano se convirtieron en oro puro.

“¡Es verdad! —exclamó con regocijo.”

Se levantó y corrió por la habitación tocando todo. Su bata, sus pantuflas, los muebles; todo se convirtió en oro. Miró por la ventana, hacia el jardín de Caléndula.

“Le daré una grata sorpresa —dijo.”

Bajó al jardín, tocando todas las flores de Caléndula y transformándolas en oro.

“Ella estará muy complacida —se dijo.”

Regresó a su habitación para esperar el desayuno, y recogió el libro que leía la noche anterior, pero en cuanto lo tocó se convirtió en oro macizo.

"Ahora no puedo leer —dijo—. Pero desde luego es mucho mejor que sea de oro."

Un criado entró con el desayuno del rey, pero éste no pudo llevarse nada de ello a la boca, ya que en cuanto lo tocaba todo se convertía en oro, incluso hasta sus panecillos favoritos. En ese momento se abrió la puerta y entró Caléndula. Sollozaba amargamente y traía en la mano una de sus rosas.

—¿Qué sucede? —preguntó el rey.

—Padre, mira lo que ha pasado con mis rosas, ¡están feas y rígidas!

—Pues son rosas de oro. ¿No te parece que son más bellas ahora? —dijo el rey.

—No —gimió la niña—; no tienen ese dulce olor. No crecerán más. Me gustan las rosas vivas.

—No importa —dijo el rey—. Ahora cómete tu desayuno.

Pero Caléndula notó que su padre no comía y que estaba muy triste.

—¿Qué sucede, querido padre? —preguntó acercándose—. Le echó los brazos al cuello y él la besó.

Pero de pronto el rey gritó de espanto y angustia. En cuanto la tocó, el adorable rostro de Caléndula se convirtió en oro reluciente. Sus ojos no veían, sus labios no podían besarlo, sus brazos no podían estrecharlo. Ya no era su hija risueña y cariñosa, sino una pequeña estatua de oro. El rey Midas agachó la cabeza y comenzó a llorar.

—¿Eres feliz, rey Midas? —dijo una voz—. Al volverse el rey Midas vio al desconocido.

—¿Feliz? ¿Cómo puedes preguntármelo? ¡Soy el hombre más desdichado de este mundo!

—Tienes el toque de oro —replicó el desconocido—. ¿No es suficiente?

El rey Midas no alzó la cabeza ni respondió. Después de unos instantes el rey exclamó:

—Devuélveme a mi pequeña Caléndula y te daré todo el oro que tengo —dijo el rey—. He perdido todo lo que tenía de valioso.

—Eres más sabio que ayer —dijo el desconocido—. Zambúllete en el río que corre al pie de tu jardín luego recoge un poco de agua y arrójala sobre aquello que quieras volver a su antigua forma.

Después de estas palabras el desconocido desapareció.

El rey Midas se levantó de un brinco y corrió al río. Se zambulló, llenó una jarra de agua y regresó de prisa al palacio. Roció con agua a Caléndula y devolvió el color a sus mejillas. La niña abrió los ojos azules.

—¡Vaya, padre! —exclamó—, ¿qué sucedió?

Con un grito de alegría el rey Midas la tomó en sus brazos. Nunca más el rey Midas se interesó en otro oro que no fuera el oro de la luz del sol, o el oro del cabello de la pequeña Caléndula.

Anónimo

"Acuérdate también de esto siempre: para vivir felizmente basta con muy poco."

Marco Aurelio

No hay que buscar la felicidad donde no está,
ni tomar la vida por lo que no es la vida,
porque entonces estaremos creando
un sufrimiento, que sólo es el resultado de
nuestra ceguera y, con él, el desasosiego,
la congoja, el miedo, la inseguridad...
Nada de esto existe sino en nuestra mente
dormida. Cuando despertemos, se acabó.

La felicidad está precisamente en la ausencia
de los apegos, y en no estar sometidos al poder
de ninguna persona o cosa.

Anthony de Mello

"La felicidad es para aquellos que se bastan para sí mismos."

Aristóteles

Deseos

Te deseo primero que ames, y que amando, también seas amado. Y de no ser así, seas breve en olvidar y que después de olvidar, no guardes rencores.

Te deseo también que tengas amigos, y que por lo menos haya uno en quien puedas confiar sin dudar.

Te deseo además que seas útil, mas no insustituible. Y que en los momentos malos, cuando no quede nada más, esa utilidad sea suficiente para mantenerse en pie.

Igualmente te deseo que seas tolerante; no con los que se equivocan poco, porque eso es fácil, sino con los que se equivocan mucho e irremediablemente.

Te deseo que siendo joven no madures demasiado de prisa, y que ya maduro no insistas en rejuvenecer, y que siendo viejo no te dediques a la desesperación. Porque cada edad tiene su placer.

Te deseo que descubras, con urgencia máxima, por encima y a pesar de todo, que existen y que te rodean seres oprimidos tratados con injusticia y personas infelices.

Deseo también que plantes una semilla, por más minúscula que sea, y la acompañes en su crecimiento para que descubras de cuántas vidas está hecho un árbol.

Te deseo, además, que tengas dinero, porque es necesario ser práctico; y que por lo menos una vez al año pongas ese dinero frente a ti y digas: "Esto es mío", sólo para que quede claro quién es el dueño de quién.

Te deseo también que ninguno de tus afectos muera, pero que si muere alguno, puedas llorar sin lamentarte y sufrir sin sentirte culpable.

Te deseo por fin que, siendo hombre, tengas una buena mujer, y que siendo mujer, tengas un buen hombre, mañana y al día siguiente, y que cuando estén exhaustos y sonrientes, todavía tengan mucho amor para comenzar.

Víctor Hugo

"Lo que más se necesita para aprender es un espíritu humilde."

Sabiduría china

¿Qué hacer para ser feliz? ¡Nada!
no se hace nada. Es necesario desprenderse
de las cosas. De la ilusión.
De las ideas erróneas.
¿Cómo desprenderse?
Viendo que son erróneas.

Anthony de Mello

"Si no estuvieras activamente en volverte desdichado, serías feliz. Nacimos felices. Toda la vida está atravesada de felicidad."

Anthony de Mello

Los grandes valores

1. Debemos ser pobres, justos y honrados.

2. Debemos tener valor, afecto y amabilidad.

3. Debemos elogiar la frugalidad, la laboriosidad y la presteza.

4. Debemos dominar el carácter, la lengua y la conducta.

5. Debemos despreciar la crueldad, la arrogancia y la ingratitud.

6. Debemos dar limosnas al necesitado, consuelo al triste y estima a quien lo merece.

7. Debemos amar la sabiduría, la virtud y la inocencia.

Anónimo

"En la naturaleza no hay castigos ni premios, sólo consecuencias."

Anónimo

Sólo por hoy

Sólo por hoy seré feliz. La felicidad es algo interior, no es asunto de afuera.

Sólo por hoy trataré de ajustarme a lo que es y no trataré de aceptar todas las cosas a mis propios deseos. Aceptaré mi familia, mis negocios y la casualidad como son, y procuraré armonizar con todo ello.

Sólo por hoy cuidaré mi organismo. Lo ejercitaré, lo atenderé, lo alimentaré, no abusaré de él ni lo abandonaré, procurando que sea una máquina perfecta para mis cosas.

Sólo por hoy trataré de vigorizar mi espíritu, aprenderé algo útil, no seré un haragán mental. Leeré algo que requiera esfuerzo, meditación y concentración.

Sólo por hoy ejercitaré mi alma de tres modos: haré algún bien a alguien sin que él lo descubra y haré dos cosas que no me agrade hacer, sólo por ejercitarme.

Sólo por hoy seré agradable, tendré el mejor aspecto posible, me vestiré con la mayor corrección a mi alcance, hablaré en voz baja, me mostraré cortés, seré generoso en la balanza, no criticaré a nadie, no encontraré defectos en nada y no intentaré dirigir ni enmendar los planes del prójimo.

Sólo por hoy trataré de vivir únicamente este día sin abordar a la vez todo el problema de mi vida. Puedo hacer en doce horas cosas que me espantaría si tuviera que seguir haciéndolas toda mi vida.

Sólo por hoy tendré un programa. Consignaré por escrito lo que espero hacer cada hora. Quizá no siga exactamente el programa, pero lo tendré. Eliminaré dos plagas: la prisa y la indecisión.

Sólo por hoy tendré media hora tranquila de soledad y descanso. En esa media hora pensaré a veces en lo divino a fin de conseguir una mayor perspectiva para mi vida.

Sólo por hoy no tendré miedo de ser feliz, de disfrutar lo bello, de amar y de creer que los que amo, me aman.

Dr. Frank Crane

❀

"*La verdadera libertad consiste en el dominio absoluto de sí mismo.*"

Montaigne

Bellos rostros son los que revelan
en el semblante la luz de un alma grata;
bellas manos son las que realizan
actos nobles, buenos, verdaderos;
bellos pies son los que de prisa
acuden a aliviar la pena ajena.

Sócrates

"Sólo es digno de felicidad aquel que logra conquistarla cada día."

Anónimo

Si logro impedir que un corazón se rompa

Si logro impedir que un corazón se rompa,
no habré vivido en vano,
si logro aplacar un dolor,
o aliviar una pena
o ayudar a un pájaro agotado
a regresar al nido,
no habré vivido en vano.

Con este bello pensamiento, el autor nos recuerda que los actos de compasión infunden sentido a nuestras vidas...

Emily Dickinson

Despierta

¡No dejes que la rutina destruya tu vida!

Realiza tu trabajo con amor, siempre renovado
y te verás rebosante de alegría.

La rutina produce cansancio y te rompe el alma,
te deprime y te roba el entusiasmo.

Reabastécete todas las mañanas de la alegría
de vivir.

Presta tu colaboración a todo el mundo y da
a tus labores la alegría del espíritu, y recibirás
por ello los bienes de la felicidad de tu trabajo.

Anónimo

"El hombre superior hace su suerte; conocedor de las circunstancias que se oponen al logro de sus planes, las esquiva, las dirige y las domina."

Anónimo

La alegría

Un corazón lleno de alegría es resultado de un corazón que arde de amor. La alegría no es sólo cuestión de temperamento; siempre resulta difícil conservar la alegría —motivo mayor para tratar de adquirirla y de hacerla crecer en nuestros corazones.

La alegría es oración; la alegría es fuerza; la alegría es amor. Da más quien da con alegría.

A los niños y a los pobres, a todos los que sufren y están solos, bríndales siempre una sonrisa alegre; no sólo les brindes tus cuidados, sino también tu corazón.

Tal vez no podamos dar mucho, pero siempre podemos brindar la alegría que brota de un corazón lleno de amor.

Si tienes dificultades en tu trabajo y las aceptas con alegría, con una gran sonrisa; en este caso como en muchas otras cosas, verás que tu bien sí funciona.

Además, la mejor manera de mostrar tu gratitud está en aceptar todo con alegría. Si tienes alegría, ésta brillará en tus ojos y en tu aspecto, en tu conversación y en tu contento. No podrás ocultarla porque la alegría se desborda. La alegría es muy contagiosa. Trata, por tanto, de estar siempre desbordando de alegría donde quiera que vayas.

La alegría ha sido dada al hombre para que se regocije en Dios por la esperanza del bien eterno y de todos los beneficios que recibe de él. Por tanto, sabrá cómo regocijarse ante la prosperidad de su vecino, cómo sentirse descontento ante las cosas huecas.

La alegría debe ser uno de los pivotes de nuestra existencia. Es el distintivo de una personalidad generosa. En ocasiones, también es el manto que cubre una vida de sacrificios y entrega propia. La persona que tiene este don, muchas veces alcanza cimas elevadas. Él o ella es como el Sol en una comunidad.

Deberíamos preguntarnos. ¿En verdad hemos experimentado la alegría de amar? "El amor verdadero es un amor que nos produce dolor, que lastima y, sin embargo, nos produce alegría. Por ello debemos orar y pedir valor para amar. Que Dios te devuelva en amor todo el amor que hayas dado y toda la alegría y la paz que hayas sembrado a tu alrededor, en todo el mundo."

Madre Teresa de Calcuta

"Sé humilde. La vanidad es el peor de los defectos, porque hace que nos engañemos a nosotros mismos.
Si eres sabio, siempre habrá alguien más sabio que tú.
Si eres fuerte, siempre habrá alguien más fuerte.
Por eso, sé humilde. ¿De qué te vanaglorías?
La vanidad nos quita el sentido de las proporciones, y terminamos volviéndonos ridículos, porque nos engañamos a nosotros mismos."

Anónimo

El cambio

Cuando era joven, mi imaginación no tenía límites; soñaba con cambiar al mundo. Cuando maduré, descubrí que el mundo no cambiaría, por lo que decidí cambiar únicamente a mi país, mas esto resultó también imposible.

Al llegar al anochecer de mi vida, resolví hacer un último intento, decidiendo únicamente cambiar a mi familia y mis seres más cercanos. Pero también fracasé en este intento.

Ahora, estando en mi lecho de muerte, descubrí que si hubiera cambiado primero yo, con mi ejemplo habría cambiado a mi familia, con su inspiración habría podido mejorar a mi país y quién sabe, quizá podría haber cambiado al mundo.

Anónimo

"Al hombre le cuesta muy poco esfuerzo atraerse la desgracia."

Menandro

¿Cuál es...

El día más bello? Hoy.

La cosa más fácil? Equivocarse.

El obstáculo más grande? El miedo.

El error mayor? Abandonarse.

La raíz de todos los males? El egoísmo.

La distracción más bella? El trabajo.

Los mejores profesores? Los niños.

La primera necesidad? Comunicarse.

Lo que más hace feliz? Ser útil a los demás.

El misterio más grande? La muerte.

El peor defecto? El mal humor.

La persona más peligrosa? La mentirosa.

El sentimiento más ruin? El rencor.

El regalo más bello? El perdón.

Lo más imprescindible? El hogar.

La ruta más rápida? El camino correcto.

La sensación más grata? La paz interior.

El resguardo más eficaz? La sonrisa.

El mejor remedio? El optimismo.

La mayor satisfacción? El deber cumplido.

La fuerza más potente del mundo? La fe.

Las personas más necesarias? Los padres.

La cosa más bella de todas? ¡El amor!

Sólo así encontraremos la felicidad.

Madre Teresa de Calcuta

"La felicidad no depende de lo que nos falta, sino del esmerado cultivo y buena administración de lo que tenemos. La felicidad se hace, no se halla. Brota del interior; no viene de afuera."

T. Ardy

Un hermano así

A un amigo mío llamado Paul, su hermano le dio un automóvil como regalo de Navidad. En Nochebuena, cuando Paul salió de su oficina, un niño de la calle estaba caminando alrededor del brillante auto nuevo admirándolo.

—¿Éste es su carro, señor? —preguntó.

Paul afirmó con la cabeza y dijo:

—Mi hermano me lo regaló de Navidad.

El niño estaba asombrado.

—¿Quiere decir que su hermano se lo regaló y a usted no le costó nada?

—Vaya, me gustaría... —titubeó.

Desde luego, Paul sabía lo que el niño iba a decir que le gustaría tener un hermano así, pero el muchacho realmente dijo algo que estremeció a Paul de pies a cabeza.

—Me gustaría —prosiguió el niño— poder ser un hermano así.

Paul miró al niño con asombro, e impulsivamente añadió:

—¿Te gustaría dar una vuelta en mi automóvil?

—¡Oh sí, eso me encantaría!

Después de un corto paseo, el niño volteó y con los ojos chispeantes dijo:

—Señor, ¿no le importaría que pasáramos frente mi casa?

Paul esbozó una sonrisa. Creía saber lo que el muchacho quería: enseñarles a sus vecinos que podía llegar a su casa en un gran automóvil; pero de nuevo Paul estaba equivocado.

—¿Se puede detener donde están esos dos escalones? —dijo el niño.

Subió corriendo. Al poco rato Paul oyó que regresaba, pero no venía rápido. Llevaba consigo a su hermanito lisiado. Lo sentó en el primer escalón. Entonces le dio un hermoso abrazo y señaló hacia el carro.

—Bobby, ahí está, tal como te lo dije allá arriba. Su hermano se lo regaló de Navidad y a él no le costó ni un centavo. Y algún día yo te voy a dar uno igualito… entonces podrás ver por ti mismo todas las cosas bonitas de las vitrinas en Navidad, de las que te he contado.

Paul bajó del auto y trepó al muchachito al asiento delantero. El hermano mayor, con los ojos radiantes, se subió atrás de él y los tres comenzaron un paseo navideño memorable. Esa Nochebuena, Paul comprendió lo que Jesús quería decir con: "Hay más dicha en dar...".

Dan Clark

"La felicidad es al mismo tiempo la mejor, la más noble y la más placentera de todas las cosas."

Aristóteles

Si estuvieras

Si estuvieras ocupado siendo amable,
sin advertirlo, pronto hallarías
que no tienes tiempo de acordarte
de que alguien fue rudo contigo.

Si estuvieras ocupado en tu alegría
y alentando a la gente que está triste,
aunque tu corazón doliera un poco,
pronto te olvidarías de notarlo.

Si estuvieras ocupado siendo bueno,
y actuando del mejor modo posible,
no tendrías tiempo de echar culpas
a otros que hacen todo lo que pueden.

Si estuvieras ocupado en lo correcto,
esta ocupación no te daría tiempo
para acusar sin pausa a un semejante
por estar ocupado en lo incorrecto.

Anónimo

Las pequeñas virtudes

Acciones hay en la vida que brillan sobre la flor del corazón como gotas de rocío.

Son estos pequeños actos los que, resbalando sobre la conciencia de los hombres, bruñen en su personalidad e impiden que se recubra de escoria. Estas acciones diminutas son las que, sumadas, a la larga integran la verdadera grandeza de los seres humanos.

Justa y consoladora observación para los destinos humildes de la mayoría de los hombres; nos dice que en nuestra oscuridad podemos ser grandes y servir de ejemplo a los demás, si realizamos actos impregnados de bondad y de fuerza moral.

Las vidas útiles no son otra cosa que un tejido incesante de pequeñas virtudes.

Gabriela Mistral

"La felicidad es ese placer que se deriva del sentido de la virtud y de la conciencia de los hechos justos."

Henry More

La verdadera felicidad no es causada por nada.

La verdadera felicidad es "incausada".

Si le preguntan a un místico por qué él o ella son felices, la respuesta será:

¿Por qué no?

No hay ningún impedimento, ninguna obstrucción.

¿Por qué no?

Anthony de Mello

"La felicidad no se produce por grandes golpes de fortuna, que ocurren raras veces, sino por pequeñas ventajas, que ocurren todos los días."

Benjamín Franklin

Verdadera nobleza

Quien hace su tarea día a día
y acoge a quien encuentra en el camino,
creyendo que es voluntad divina,
ha encontrado grandeza en este mundo.

Quien cuida su puesto, dondequiera,
creyendo que Dios lo necesita
aunque se trate de una faena tosca
se ha elevado a la nobleza.

De lo grande y lo bajo hay una prueba:
si un hombre pone su mayor empeño,
y trabaja con brío y sin reservas
no morirá en deuda con el hombre.

Edgar Guest

"Una especie de felicidad es saber hasta qué punto podemos ser desgraciados."

La Rochefoucauld

La naturaleza noble

No es creciendo macizamente como un árbol,
la manera en que un hombre mejora,
ni durando como un roble, trescientos años,
para caer al final como un tronco seco y desnudo:
un lirio de un día es más bello en mayo,
aunque caiga y muera esa noche:
era la planta y flor de la luz.
En proporciones pequeñas vemos justas bellezas,
y en pequeñas medidas la vida puede ser perfecta.

"Si cuidamos los detalles, nuestra labor resplandece en las pequeñas cosas y nuestro carácter mejora poco a poco."

Ben Jonson

"La felicidad ininterrumpida aburre; debe tener alternativas."

Molière

Persevera

El tesón es muy importante para obtener las respuestas atinadas en nuestros estudios, en la vida, para así alcanzar la felicidad. Así lo aprendían los jóvenes a principio de siglo en Estados Unidos cuando memorizaban estos versos en la escuela.

Si el pescador saca la red muy pronto,
no encuentra pescado qué vender.
Si un niño cierra pronto la cartilla,
le costará muchísimo aprender.

Para asimilar bien todas tus lecciones,
sé paciente y no vayas de prisa:
verás que recorre el mundo entero
el que anda un kilómetro por día.

Anónimo

En vida hermano, en vida

Si quieres hacer feliz
a aquél a quien más amas,
díselo hoy, no esperes a mañana
en vida hermano, en vida...

Si deseas dar una flor
no la mandes a su tumba,
hoy con el amor debes darla,
en vida hermano, en vida...

Si deseas mostrar tu amor
a quien comparte tu casa,
al amigo, cerca o lejos,
en vida hermano, en vida...

No esperes que mueran
tus amigos para amarlos,
y hacerles sentir tu afecto,
en vida hermano, en vida...

Tú serás muy feliz
si enseñas a ser felices
a todos los que conozcas,
en vida hermano, en vida...

No visites panteones
ni llenes tumbas de flores,
llena de amor corazones,
en vida hermano, en vida.

Ana María Rabatte

"Nunca disfrutamos de una felicidad perfecta. Los acontecimientos más afortunados se nos aparecen mezclados de tristeza. Siempre existen inquietudes que turban la realidad de nuestra satisfacción."

Corneille

La felicidad y el amor van juntos, pero no producen emociones, ni excitación, porque esto es enemigo de la felicidad.

Tampoco producen aburrimiento, porque la felicidad nunca harta cuando es de verdad, felicidad.

Y no harta porque existe donde no existe el yo.

La felicidad es un estado de continua conciencia, no tiene contrapuesto porque nunca se pierde.

Puede estar oscurecida, pero nunca se va porque tú eres felicidad, es tu esencia, tu estado natural y, por ello, cuando algo se interpone, la oscurece, y sufres por miedo a perderla.

Te sientes mal, porque ansías aquello que eres.

Anthony de Mello

"¡Oh, qué amargo es contemplar la felicidad a través de los ojos ajenos!"

William Shakespeare

"Si actúas bien en el momento oportuno, habrás hecho algo bueno para toda la eternidad."

J. K. Lawater

Seamos positivos

Si deseamos ser felices, no debemos permitir que el estrés interno nos encamine a pensamientos pesimistas, sentimientos negativos y actitudes devaluativas. Para contrarrestar estas ideas, se recomienda lo siguiente:

- Camina con la cabeza en alto y la espalda erguida.
- Cultiva un carácter positivo, animoso y alegre.
- Dejar esa cara de pocos amigos de lado y sonreír.
- Hacer caso omiso de todo lo feo y desagradable.
- Intentar transmitir alegría y buen humor a todos.
- En vez de quejarte, expresar tus esperanzas y anhelos.
- Al hablar, hazlo siempre de metas, amor, paz y bienestar.
- Levantar el ánimo de la gente triste y deprimida.
- Cuando tu mente se vuelva negativa, cambiar de canal.
- Cuando alguien lamenta o critica, cambiar de tema.
- Alejarte de las situaciones y personas negativas.

- No dejes que nada ni nadie te quite tu fe.
- Fomentar el entusiasmo propio y transmitirlo a todos.
- Olvidarte de los errores, rechazos y fracasos anteriores.
- Tirar a la tierra del olvido tus rencores y resentimientos.
- Pensar y actuar como si el triunfo fuera un hecho.
- No hablar mal de nadie, ni mucho menos de ti mismo.
- No fijarte en tus defectos ni en los de los demás.
- Mantener y proyectar una imagen positiva de ti mismo.
- ¡Que seas feliz! Al sonreír, el mundo sonreirá contigo.

Anónimo

"*Soñaba y veía que la vida era gozar;*
desperté y comprendí que la vida era servir;
serví y descubrí que servir era gozar."

Tagore

Esta obra se terminò de imprimir en septiembre 2012
En los talleres de Editores Impresores Fernàndez SA de CV
Retorno 7 de sur 20 num 23 Col Agricola Otal C.P. 08500
Mèxico D.F. Tiraje de 1000 ejemplares